LES ENTREPRENEURS

ET

LA PRESCRIPTION DE SIX MOIS

———— ⇒◆⇐ ————

BORDEAUX

IMPRIMERIE R. COUSSAU & F. COUSTALAT

20 — rue Gouvion — 20

—

1889

LES ENTREPRENEURS

ET

LA PRESCRIPTION DE SIX MOIS

BORDEAUX

IMPRIMERIE R. COUSSAU & F. COUSTALAT

20 — *rue Gouvion* — 20

—

1889

SYNDICAT GÉNÉRAL DU BATIMENT

DE BORDEAUX

RÉUNION DU 18 JUIN 1889.

M. Adolphe Sarrail, président, donne à l'assemblée connaissance de l'arrêt par lequel la Chambre civile de la Cour de Cassation a cassé, le 4 juin 1889, le jugement rendu le 20 mai 1887 par le Tribunal civil de Bordeaux, dans l'affaire Roche et Perret-Tillot.

Vu l'intérêt que ce document présente pour la corporation toute entière, l'assemblée décide, sur la proposition de son président, l'impression d'une brochure composée :

1° Du jugement du Tribunal civil de Bordeaux ;

2° De la consultation de M. de Loynes ;

3° De l'arrêt de la Cour de Cassation.

LES ENTREPRENEURS

LA PRESCRIPTION DE SIX MOIS

———— ✳ ————

Le 20 mai 1887 la 2ᵉ Chambre du Tribunal de première instance de Bordeaux, a rendu le jugement suivant :

« Attendu que les sieurs Roche et Perret acceptant la réduction qui en a été faite par l'architecte Lemarchand au chiffre de deux mille soixante-seize francs trente-neuf centimes, et reconnaissant avoir touché deux mille francs sur cette somme, en demandent aujourd'hni le solde, soit soixante-seize francs, trente-neuf centimes.

Attendu qu'à l'encontre de cette réclamation la veuve Cassamayou prétend qu'en réglant avec son mari, le sept décembre mil huit cent quatre-vingt-quatre le compte des dits travaux, et recevant deux mille francs de ce dernier, les demandeurs renoncèrent à demander le surplus ;

Mais qu'elle ne justifie pas que la dite somme ait été payée pour solde ; que la quittance qui en fut donnée au bas du mémoire des travaux est pure et simple ;

Qu'il faut donc, à défaut d'une preuve contraire, que ces deux mille francs n'aient été reçus qu'à valoir, nul n'étant présumé renoncer à ses droits ;

Que la demande de ce chef doit donc être accueillie ;

En ce qui concerne les autres travaux consistant :

Primo : en une réparation faite à deux persiennes dans la maison rue Terre-Nègre, cinquante-un, et portée à huit francs ;

Secundo : dans la confection de treize croisées, d'un portail avec vantaux et autres accessoires à la maison rue Wüstenberg, et s'élèvant, déduction faite du rabais d'usage, à deux cent soixante-neuf francs trente-huit centimes, ensemble deux cent soixante-dix-sept francs trente-huit centimes ;

Attendu que la veuve Cassamayou soutient que ces travaux ont été payés par son mari, décédé depuis, et oppose aux demandeurs la prescription de six mois édictée par l'article deux mille deux cent soixante-onze du Code civil ;

Attendu que pour repousser cette exception, les sieurs Roche et Perret prétendent qu'ils ne sont pas ouvriers, mais bien entrepreneurs ; que par suite leur action ne saurait être soumise qu'à la prescription générale de trente ans portée en l'article deux mille deux cent soixante-deux du même code ;

Qu'il s'agit dès lors de rechercher si les travaux dont ils réclament le paiement ont été faits ou non à l'entreprise ;

Attendu que les sieurs Roche et Perret sont l'un et l'autre qualifiés de menuisiers par leur patente dans les avertissements des contributions produits par eux ;

Qu'ils doivent donc à priori être considérés comme ouvriers, à moins de justification contraire ;

Attendu qu'aux termes d'une jurisprudence constante l'ouvrier ne devient entrepreneur d'après l'article mille sept cent quatre-vingt-dix-neuf du Code civil, que s'il y a eu de sa part devis ou marché préalable à prix fait pour l'exécution des travaux qui lui sont confiés ; que c'est là ce qui caractérise l'entreprise, qui suppose toujours un forfait et un aléa ; qu'il n'y a même pas lieu d'avoir égard au plus ou moins d'importance des travaux, qu'aucune distinction n'existe à cet égard dans la loi, qui, pour attribuer la qualité d'entrepreneur à l'ouvrier, ne considère dans l'article mille sept cent quatre-vingt-dix-neuf que le mode de la convention et non la valeur des travaux ou fournitures ;

Que les menuisiers, de même que les maçons et charpentiers, qui sans marché préalable à prix fait exécutent ou font exécuter par des ouvriers des travaux de leur métier, ne sortent pas de la catégorie des simples ouvriers, l'article deux mille deux cent soixante-onze supposant que l'ouvrier réclame, non seulement ses salaires, mais aussi le prix de fournitures, ce qui est bien le fait d'un patron approvisionné de marchandises, et non d'un simple artisan ne fournissant que son travail.

Or, attendu que les demandeurs ne justifient d'aucun marché à prix fait entre eux et les époux Cassamayou ;

Qu'en fait, les travaux dont il s'agit n'avaient ni l'importance ni la nature complexe qui caractérise l'entreprise ; qu'ils ne consistaient qu'en des ouvrages de détail de menuiserie, par conséquent de leur état, payables suivant les prix de série avec rabais d'usage, mais sans aléa d'aucune sorte ;

Que c'est donc à titre d'ouvriers qu'ils ont vaqué à ces travaux et que c'est dès lors à bon droit que l'article deux mille deux cent soixante-onze peut leur être appliqué, lesdits travaux remontant à mil huit cent quatre-vingt-quatre et leur demande en justice étant du quatre février mil huit cent quatre-vingt-six ;

Sur les dépens, attendu que les parties succombant respectivement il y a lieu de les répartir entre elles.

Par ces motifs,

Le Tribunal, après délibéré jugeant en dernier ressort, condamne la veuve Cassamayou à payer aux demandeurs la somme de soixante-seize francs trente-huit centimes, pour solde des travaux exécutés par eux à la maison rue Mondenard, quatre-vingt-neuf, avec intérêts du jour de la demande ; déclare éteinte par la prescription de six mois leur action relative aux travaux effectués dans les maisons rue Terre-Nègre, cinquante-un, et rue Wüstenberg, et les en déboute.....

CONSULTATION

Par leurs dernières conclusions du 27 avril 1887, MM. Roche et Perret-Tillot réclamaient de Mme veuve Cassamayou le paiement :

1° D'une somme de 76 fr. 39 c., formant le solde dû des travaux par eux exécutés en 1884 à une maison sise rue Mondenard, n° 89, et s'élevant au total à la somme de 2,076 fr. 39 c.

2° D'une somme de 269 fr. 38 c., formant le prix de réparation de deux persiennes à la maison sise rue Terre-Nègre, n° 51, et de confection de treize croisées, d'un portail avec vantaux et autres accessoires à la maison sise rue Wüstenberg.

A la première de ces demandes Mme veuve Cassamayou a répondu que, en recevant la somme de 2,000 fr., MM. Roche et Perret-Tillot avaient volontairement abandonné le surplus de leur créance.

Mais comme Mme veuve Cassamayou n'apportait pas la preuve de son allégation, le Tribunal civil de Bordeaux, par Jugement en date du 20 mai 1887, l'a condamnée à payer à MM. Roche et Perret-Tillot, cette somme de 76 fr. 39 c.

A la seconde demande Mme veuve Cassamayou a répondu que la somme réclamée avait été payée par son mari décédé, et qu'en conséquence elle n'hésitait pas à opposer la prescription de six mois, édictée par l'article 2271 du Code civil.

Par son jugement du 20 mai 1887, le Tribunal civil de Bordeaux a accueilli ce moyen de défense et déclaré éteinte par la prescription de six mois l'action relative aux travaux exécutés dans les maisons sises rue Terre-Nègre et rue Wüstenberg.

Appelé à donner son avis sur la valeur de cette décision, le Conseil soussigné examinera avec soin les questions délicates que le Tribunal a résolues dans son jugement.

I

À la demande formée contre elle, Mme veuve Cassamayou répond, comme nous l'avons déjà dit, que la somme réclamée a été payée par son mari décédé ; en conséquence, elle oppose la prescription de six mois édictée par l'art. 2271 C. civ., contre l'action des ouvriers et gens de travail pour le paiement de leurs journées, fournitures et salaires.

Devenue demanderesse en son exception, Mme veuve Cassamayou doit justifier de la cause de libération qu'elle invoque, et cela par application du second alinéa de l'art. 1315 C. civ., ainsi conçu : « Réciproquement, celui qui se « prétend libéré, doit justifier le paiement ou le fait qui a « produit l'extinction de son obligation. »

Or, Mme veuve Cassamayou n'a présenté aucune preuve à l'appui du paiement qu'elle alléguait, et le Tribunal n'a pas eu à tenir compte d'affirmations dont aucun document n'établissait la vérité.

En ce qui concerne la prescription édictée par l'art. 2271 C. civ., Mme veuve Cassamayou était tenue, en vertu de l'art. 1315 C. civ., de démontrer qu'elle se trouvait dans les conditions requises pour l'application de cet article ; elle était obligée de prouver que MM. Roche et Perret-Tillot exerçaient habituellement la profession d'ouvriers, que leur action était une action en paiement de journées, fournitures et salaires, et que, par suite, elle était régie par l'art. 2271 C. civ.

Or le jugement rendu par le Tribunal civil de Bordeaux dispense Mᵐᵉ veuve Cassamayou de toute justification à cet égard ; il exige, au contraire, des demandeurs la preuve qu'ils ne sont pas ouvriers et que l'art. 2271 ne leur est pas applicable. En effet après avoir énoncé l'exception de prescription invoquée par la défenderesse, le jugement ajoute :

« Attendu que, pour repousser cette exception, les sieurs « Roche et Perret prétendent qu'ils ne sont pas ouvriers, « mais bien entrepreneurs, que, par suite, leur action ne « saurait être soumise qu'à la prescription générale de trente » ans portée en l'art. 2262 C. civ. ;

« Qu'il s'agit dès lors de rechercher si les travaux dont ils « réclament le paiement ont été faits ou non à l'entre- « prise. »

Le jugement du Tribunal civil de Bordeaux renverse donc les rôles des parties ; au lieu d'imposer la charge de la preuve à la défenderesse devenue demanderesse en son exception, il exige du demandeur la justification que l'exception invoquée par la défenderesse ne lui est pas applicable. Sa décision sur ce point nous paraît donc en opposition avec le principe si juste écrit dans le second alinéa de l'art. 1315 C. civ.

Du reste la Cour de Cassation a été récemment appelée à se prononcer dans une affaire semblable et elle a formellement consacré et appliqué les principes que nous invoquons.

Dans un arrêt du 4 mars 1885 (aff. Dupont c/ Allioli, Sirey, 1885, 1, 199), la Cour de Paris avait dit, comme le Tribunal civil de Bordeaux :

« Sur le moyen tiré de la prescription :

« Considérant que, pour échapper aux dispositions de « l'art. 2271 § 3, Allioli soutient vainement, ce que d'ailleurs « il n'a nullement établi, qu'il serait par état non pas un « maître artisan, mais un entrepreneur..... »

Saisie de la question par le pourvoi de M. Allioli, la

chambre civile de la Cour de Cassation a, le 7 juin 1887, (Sirey, 1887, 1, 268) cassé l'arrêt de la Cour de Paris par un arrêt dont voici le texte :

« Vu les articles 1315, 2271 et 2272 C. civ,.

« Attendu que la prescription de six mois, établie par « l'art. 2271 C. civ. contre les ouvriers, et la prescription « d'un an, établie par l'art. 2272 contre les marchands, sont « en principe, inapplicables aux entrepreneurs ; qu'il suit « de là que, lorsque le défendeur actionné en paiement de « travaux ou fournitures invoque l'exception de prescription « autorisée par les deux articles précités, c'est à lui qu'in- « combe, en vertu de l'art. 1315 C. civ., la preuve que ces « travaux et fournitures ont été faits par un ouvrier, et non « par un entrepreneur, qu'il devient, en effet, demandeur « en cette exception ;

« Et attendu que, pour admettre la prescription de six « mois et d'un an dans l'espèce, l'arrêt attaqué se fonde, « entre autres motifs, sur ce qu'Allioli, demandeur, n'avait « pas établi qu'il fut entrepreneur ; qu'il résulte de ce qui « précède que cette déclaration est insuffisante pour « justifier l'arrêt attaqué ; qu'il appartenait à la Cour d'exi- « ger de la part du défendeur, à qui seul elle incombait, la « preuve de la qualité d'ouvrier en la personne d'Allioli, et « d'en déduire, si elle était faite, la possibilité d'admettre, « dans la cause, les courtes prescriptions invoquées, que, « par suite, l'arrêt a violé les articles sus-visés,

« Casse, etc. »

II

Abordant maintenant le fond du débat, nous avons à rechercher si, en décidant que l'action intentée par MM. Roche et Perret-Tillot était éteinte par la prescription de six mois en vertu de l'art. 2271 § 3 C. civ., le Tribunal civil de Bordeaux a fait une juste application de la loi.

La prescription de six mois établie par l'art. 2271 C. civ. est exceptionnelle et dérogatoire au droit commun. Pour ce motif, cette disposition doit être interprétée limitativement.

Or, le texte ne parle que de l'action des ouvriers et gens de travail en paiement de leurs journées, fournitures et salaires.

En conséquence, toutes les fois qu'il ne s'agit pas d'une action en paiement de journées, fournitures et salaires, intentée par des ouvriers ou gens de travail, l'art. 2271 § 3 C. civ. doit être écarté. A moins de dispositions contraires, l'art. 2262 C. civ. doit être appliqué, et la prescription de trente ans peut seule être invoquée.

Il devrait donc nous suffire, pour déterminer la portée de l'art. 2271 C. civ., de préciser le sens des mots ouvriers et gens de travail employés par le législateur. Toutes les personnes qui ne rentreraient pas dans la définition que nous aurions admise, échapperaient à l'application de cette disposition exceptionnelle ; les actions qui leur appartiendraient seraient, en principe, régies, quant à leur durée, par le droit commun de l'art. 2262. Mais le jugement rendu par le Tribunal civil de Bordeaux nous oblige à entrer dans l'examen détaillé des difficultés que soulève l'art. 2271. Pour mettre plus de clarté dans notre exposé, nous allons tout d'abord faire connaître le plan général des observations que nous aurons à développer ensuite.

Le sens des mots « *ouvriers et gens de travail* », dont le législateur s'est servi dans l'art. 2271 C. civ., est, suivant nous, facile à préciser. Les ouvriers et gens de travail sont ceux qui louent leurs services. L'article 1779 C. civ. le dit expressément, quand, distinguant trois espèces principales de louage d'ouvrage et d'industrie, il cite en première ligne « le louage des *gens de travail qui s'engagent au service de* « *quelqu'un.* » La rubrique de la section 1re du chapitre III du titre consacré au contrat de louage exprime la même idée, puisque le législateur rapproche et met sur la même ligne les domestiques et les ouvriers : « Du louage des *domestiques et des ouvriers.* » Dans les deux cas, le contrat a le même objet ; c'est un louage de services.

Nous pouvons donc dire : les ouvriers sont ceux qui, comme le porte l'article 1780 C. civ., « engagent leurs services à temps ou pour une entreprise déterminée, » et qui ont droit, à ce titre, au paiement de journées, de salaires.

A côté de l'action en paiement de ces journées et salaires, l'art. 2271 mentionne l'action en paiement des fournitures faites par les ouvriers et gens de travail, qu'elle considère comme un accessoire du travail.

La nature même de ces créances a déterminé le législateur a établir, en cette matière, une prescription spéciale, la prescription de six mois. Généralement les ouvriers et gens de travail ont besoin, pour vivre, du paiement de leurs journées et salaires, ils ne peuvent pas attendre ; la loi déduit de cette circonstance une présomption de paiement qui sert de fondement à la courte prescription de l'art 2271 C. civ.

Pothier le disait très exactement dans notre ancienne jurisprudence (*Traité des obligations*, n° 723) : « Cette pres-« cription, ainsi que les précédentes, est fondée sur la seule « présomption de paiement, on présume que ces gens, qui « ont besoin de leur salaire pour vivre, n'attendent pas « longtemps à s'en faire payer ou au moins à le deman-« der. »

Les rédacteurs du Code ont été guidés par les mêmes considérations.

Nous lisons en effet dans l'exposé des motifs de Bigot-Préameneu (Fenet, t. xv, p. 595) :

« Ce genre de prescription fut établi sur les présomptions « de paiement qui résultent du besoin que les créanciers de « cette classe ont d'être promptement payés, de l'habitude « dans laquelle on est d'acquitter ces dettes sans un long « retard et même sans exiger de quittance, et enfin, sur les « exemples trop souvent répétés de débiteurs et surtout de « leurs héritiers, contraints, en pareil cas, à payer plusieurs « fois. »

Le Tribun Goupil-Préfeln est encore plus formel dans son discours prononcé devant le Corps législatif, le 24 ventôse an XII (Fenet, t. xv, p. 608) :

« Des fournitures, des livraisons sont faites journellement « même sans notes ni mémoires, des *services* sont rendus, « des *travaux de bras* sont exécutés. Le paiement de ces « fournitures, de ces livraisons, de ces services et de ces « travaux se fait au comptant ou à courts termes, et on ne « prend aucune précaution pour le constater.

« Le terme de six mois appliqué à certains cas, celui d'un « an pour d'autres objets, sont réglés conformément à des « usages anciens et éprouvés. »

Tels sont les motifs qui expliquent l'art. 2271 C. civ. et la prescription de six mois consacrée par notre Code.

Nous avons déjà dit que cette disposition, à raison de son caractère exceptionnel, devait être interprétée limitativement. Nous en avons tiré cette conséquence que la prescription de six mois ne pouvait pas être opposée à ceux qui ne rentrent pas dans la catégorie des ouvriers et gens de travail.

Par application de ces principes, nous déciderons, sauf à donner bientôt à ces solutions le développement qu'elles comportent, que l'art. 2271 C. civ. ne s'applique ni aux entrepreneurs, parce qu'ils ne font pas un contrat de louage de services, ni même aux ouvriers, qui font directement des marchés à prix fait et qui acquièrent ainsi, accidentellement, en vertu de l'art. 1799 C. civ., la qualité d'entrepreneurs pour la partie qu'ils traitent.

Le Tribunal civil de Bordeaux avait, en conséquence, dans la cause qui lui était soumise, à examiner et à résoudre les trois questions suivantes :

1° Les entrepreneurs échappent-ils, à raison de leur profession et indépendamment de l'importance des travaux et du mode de la convention, à la prescription de six mois édictée par l'art. 2271 C. civ. ? — MM. Roche et Perret-Tillot sont-ils des entrepreneurs de profession ?

2° Dans quels cas les ouvriers de profession deviennent-ils entrepreneurs, en vertu de l'art. 1799 C. civ., à raison du mode de la convention, et par suite, sont-ils soustraits à l'application de l'art. 2271 C. civ. ? — MM. Roche et Perret-Tillot, en admettant, par hypothèse, qu'ils soient ouvriers et non entrepreneurs de profession, ne sont-ils pas, dans la cause, devenus entrepreneurs, conformément à l'art. 1799 C. civ. ?

3° La prescription de six mois établie par l'art. 2271 C. civ. peut-elle être opposée à tous ceux qui ne sont ni entrepreneurs de profession, ni entrepreneurs en vertu de l'art 1799 C. civ. ? Ne doit-elle pas, au contraire, à raison de son caractère exceptionnel, être restreinte à l'action des ouvriers et gens de travail, en paiement de leurs journées, fournitures et salaires ? — MM. Roche et Perret-Tillot appartiennent-ils à la classe des ouvriers et gens de travail, auxquels s'applique l'art. 2271 C. civ. ?

PREMIÈRE QUESTION

Les entrepreneurs échappent-ils, à raison de leur profes-
sion, et indépendamment de l'importance des travaux et
du mode de la convention, à la prescription de six mois
édictée par l'art. 2271 C. civ. ?

MM. Roche et Perret-Tillot sont-ils des entrepreneurs de
profession ?

Les entrepreneurs ne sont pas des ouvriers; ils font non
des contrats de louage de services, mais des contrats de
louage d'ouvrage. A raison de leur profession, ils échappent
donc à la prescription de six mois, spéciale aux ouvriers et
gens de travail. Leur action en paiement de l'ouvrage qu'ils
ont exécuté, ne se prescrit que par trente ans (1).

Le principe, que nous avons posé, reçoit son application,
quelle que soit la nature et l'importance des travaux,
quel que soit le mode de la convention. Du moment où
l'ouvrage a été exécuté par une personne qui exerce habituellement la profession d'entrepreneur, il ne peut être
question que de la prescription de trente ans. La profession
de la personne exclut l'application de l'art. 2271 C. civ. et
la prescription de six mois.

Cette théorie a pour elle la haute autorité de la Cour su-

---

(1) Voir en ce sens : Troplong, *De la prescription,* t. II, no 954; Dalloz,
Répertoire de Jurisprudence, Vo Prescription civile, no 982 ; Marcadé, *De la*
prescription, sur l'art. 2271, no III; Massé et Vergé, sur *Zachariæ,* t. V, p. 336,
note 39 ; Le Roux de Bretagne, *Nouveau traité de la prescription,* t. II,
no 1295; Aubry et Rau, *Cours de droit civil,* 4e édit., t. VIII, p. 445, § 774 ;
Laurent, *Principes de droit civil français,* t. XXXII, no 511; Colmet de Santerre, *Code Napoléon,* t. VIII, no 379 bis, II.

prême, qui l'a consacrée par un arrêt de cassation du
19 juillet 1882 (aff. Constantin frères et C·ᵉ c/ Arnauld-Drappier, Sirey, 1883, 1, 156). On y lit, en effet, le considérant
suivant :

« Attendu que l'entrepreneur ne perd pas sa qualité lors-
« que le travail dont il s'est chargé n'a pas eu lieu à prix fait
« ou qu'il consiste seulement en menus ouvrages ; qu'en ef-
« fet, si l'ouvrier ne devient entrepreneur, d'après l'art. 1799
« C. civ., qu'autant qu'il y a eu de sa part devis et marché
« préalable , il n'en résulte pas que l'entrepreneur de pro-
« fession, qui a traité avec un tiers sans devis ni prix conve-
« nu à l'avance, doive être par là même, considéré comme
« ouvrier. »

La Chambre des requêtes a également consacré la théorie si exactement exposée et si juridiquement justifiée par
la Chambre civile dans l'arrêt de cassation que nous venons
de rapporter. Saisie en effet d'un nouveau pourvoi dans la
même affaire, la Chambre des requêtes l'a rejeté le 13 juillet 1885 (Sirey, 1885, 1, 431) par ce motif :

« Attendu que ceux-ci (les entrepreneurs) ne perdent pas
« leur qualité lorsque le travail, dont ils sont chargés, n'a
« pas eu lieu à prix fait ou consiste seulement en menus
« ouvrages. »

Dans son jugement du 20 Mai 1887, le Tribunal civil de
Bordeaux a repoussé cette théorie. Pour lui la qualité de la
personne est indifférente, le mode de la convention doit seul
être pris en considération, quand il s'agit d'appliquer
l'art. 2271 C. civ.

Nous lisons, en effet, dans le jugement :

« Attendu que pour repousser cette exception (l'exception
« de prescription) les sieurs Roche et Perret prétendent
« qu'ils ne sont pas ouvriers, mais bien entrepreneurs ;
« que, par suite, leur action ne saurait être soumise qu'à la
« prescription de trente ans portée en l'art. 2262 du même
« code ;

« *Qu'il s'agit dès lors de rechercher si les travaux exécu-*
« *tés ont été faits ou non à l'entreprise.* »

Plus loin, le Tribunal dit également dans un autre passage :

Attendu « que les menuisiers, de même que les maçons
« et charpentiers qui, *sans marché préalable à prix fait,*
« exécutent ou *font exécuter par des ouvriers* des travaux
« de leur métier, ne sortent pas de la catégorie des simples
« ouvriers, l'art. 2271 supposant que l'ouvrier réclame non
« seulement ses salaires, mais aussi le prix de fournitu-
« res ; ce qui est bien le fait d'un patron approvisionné de
« marchandises et non d'un simple artisan ne fournissant
« que son travail. »

Il résulte manifestement de ces deux passages que, aux
yeux du Tribunal, l'art. 2271 s'applique à tous ceux qui,
quelle que soit leur profession, exécutent par eux-mêmes,
ou font exécuter par leurs ouvriers un ouvrage sans marché
préalable à prix fait, que la prescription de six mois peut
être opposée toutes les fois que le travail n'a pas été fait à
l'entreprise, caractérisée, comme le dit le Tribunal dans un
autre considérant sur lequel nous reviendrons, par le forfait
et l'aléa. Car le Tribunal déclare également éteintes par la
prescription de six mois et l'action de ceux qui exécutent
eux-mêmes des travaux (ce qui comprend à la fois les simples ouvriers et les maîtres-ouvriers) et l'action de ceux qui
font exécuter des travaux par des ouvriers sous leur direction (ce qui comprend même les entrepreneurs de profession). Le Tribunal ne tient aucun compte de la profession du
demandeur. Il se borne à rechercher si les travaux ont été
faits ou non à l'entreprise, c'est-à-dire s'il y a eu ou non un
traité à prix fait. L'application de l'art. 2271 et de la prescription de six mois est indépendante de la qualité de celui
qui a exécuté les travaux et qui agit en paiement ; elle est,
dans tous les cas, une conséquence du mode de la convention. Existe-t-il un marché à prix fait, l'art. 2271 doit être

écarté ; n'existe-t-il pas de marché à prix fait, partant pas d'entreprise, l'art. 2271 doit être appliqué.

Or, cette théorie est contraire à la loi dont nous avons déjà précisé le sens ; elle est en opposition avec la jurisprudence de la Cour de cassation dont nous avons relaté ci-dessus les monuments. Le Tribunal de Bordeaux décide que l'art. 2271 s'applique à tous ceux qui exécutent un ouvrage sans marché préalable à prix fait. La Cour de cassation décide, au contraire, que l'art. 2271 ne s'applique jamais à l'entrepreneur, alors même que le travail dont il s'est chargé n'a pas eu lieu à prix fait ou qu'il consiste seulement en menus ouvrages. Par conséquent, le jugement du Tribunal civil de Bordeaux est en opposition avec la jurisprudence de la Cour suprême. Nous pensons que la Cour suprême a, comme nous espérons l'avoir démontré, sainement interprété l'art. 2271 C. civ. Nous sommes ainsi amené à conclure que la théorie consacrée par le Tribunal civil de Bordeaux renferme une interprétation inexacte de l'art. 2271 et par suite viole cette disposition.

La prescription de six mois ne peut donc être opposée à l'action en paiement intentée par un entrepreneur. Il est, dès lors, nécessaire de déterminer les circonstances auxquelles on reconnaît un entrepreneur de profession.

Aubry et Rau définissent l'entrepreneur (*Cours de droit civil*, 4ᵉ édit., t. VIII, p. 445, § 774) « celui qui se charge de « faire exécuter par des ouvriers, sous sa direction et sa res-« ponsabilité, un travail déterminé. »

M. Colmet de Santerre dit de même (*Code Napoléon*, t. VIII, nº 379 bis, II) : « Les entrepreneurs sont ceux qui s'enga-« gent à faire exécuter des travaux par des ouvriers, sous « leur responsabilité et en fournissant les matériaux néces-« saires. »

En d'autres termes et comme nous l'avons déjà dit, l'entrepreneur est celui qui fait un contrat de louage d'ouvrage par opposition à l'ouvrier, qui fait un contrat de louage de services, et s'il a, en outre, l'habitude de faire des conventions de cette nature, il est entrepreneur de profession.

La définition que nous proposons soulève cependant une objection. La loi ne parle des entreprises qu'à propos des devis et marchés. L'art. 1711 C. civ. porte à ce sujet : « Les « devis, marché, ou prix fait, pour l'entreprise d'un « ouvrage moyennant un prix déterminé, sont aussi un « louage, lorsque la matière est fournie par celui pour qui « l'ouvrage se fait. » Pour le législateur les mots « marché » et « prix fait » sont synonymes. Ne doit-on pas en conclure que l'entrepreneur est celui qui fait un marché à prix fait, c'est-à-dire à forfait ? Par conséquent toutes les fois qu'il n'y a pas un forfait, c'est-à-dire un prix fixé d'avance d'une manière invariable, il n'y a pas entreprise; celui qui se charge de faire exécuter l'ouvrage n'est pas un entrepreneur. On pourrait invoquer en ce sens l'art. 1799 C. civ., aux termes duquel l'ouvrier ne devient entrepreneur que s'il a traité directement à prix fait, c'est-à-dire à forfait.

Le Tribunal de Bordeaux s'explique à cet égard dans deux passages de son jugement. On y lit d'abord :

« Attendu qu'aux termes d'une jurisprudence constante « l'ouvrier ne devient entrepreneur d'après l'art. 1799 du « Code civil que s'il y a eu de sa part devis ou marché préa- « lable à prix fait pour l'exécution des travaux qui lui sont « confiés ; que c'est là *ce qui caractérise l'entreprise qui sup-* « *pose toujours un forfait et un aléa.* »

Plus loin le jugement ajoute :

Attendu « qu'en fait les travaux dont il s'agit n'avaient « ni l'importance ni la nature complexe qui caractérise « l'entreprise. »

Il est assez difficile de saisir exactement la véritable pensée du Tribunal : on ne sait pas, après avoir lu ces passages, si le caractère essentiel de l'entreprise se trouve dans la nature des travaux ou s'il se rencontre dans le mode de la convention. Nous croyons cependant que pour le Tribunal celui-là seul est entrepreneur qui fait un marché à prix fait ou à forfait.

Pour répondre à cette objection, il serait peut-être bon de présenter ici l'interprétation de l'art. 1799 C. civ. ; mais comme nous aurons l'occasion d'y revenir d'une manière plus complète en résolvant notre deuxième question, il nous semble préférable de réserver toutes nos explications pour ce moment.

Après cette observation, nous allons apprécier la théorie que nous avons cru découvrir dans le jugement du Tribunal de Bordeaux, et qui ne voit pas d'entrepreneur en dehors d'un marché à forfait.

Si tout d'abord nous la jugeons par ses conséquences, elle doit certainement être repoussée. Si, en effet, l'entrepreneur est celui qui fait habituellement des marchés à forfait, le nombre des entrepreneurs va être bien réduit, nous pourrions presque dire qu'il n'y a plus d'entrepreneurs.

Le plus grand nombre des entrepreneurs sont des entrepreneurs de travaux publics. Or, le marché à forfait est rarement usité dans les travaux publics et spécialement dans le service des ponts et chaussées; le mode auquel l'administration recourt habituellement, c'est le marché à l'unité de mesure.

Voici, au surplus, en quels termes s'exprime, à cet égard, l'une des plus grandes autorités en la matière, M. Aucoc, dans ses *Conférences sur l'administration et le droit administratif* (t. II. n° 595) :

« C'est ici le lieu d'indiquer les différentes conditions « dans lesquelles l'État et les entrepreneurs peuvent se lier « réciproquement par les marchés de travaux publics. On « distingue les marchés à forfait, les marchés sur série de « prix et les marchés à l'unité de mesure.

« Dans le marché à forfait ou en bloc, l'administration « fixe d'une manière définitive l'ouvrage à exécuter; l'en- « trepreneur s'engage à exécuter l'ouvrage moyennant un

« prix qui sera invariable, quelles que soient les circons-
« tances qui surviennent et sans qu'on ait à faire aucun
« mesurage. Ce marché est *rarement usité* dans le service
« des ponts et chaussées.

« » Dans le marché sur série de prix, le procédé est tout
« différent. Le devis indique les prix de chaque nature
« d'ouvrage : maçonnerie, terrassement, etc., sans fixer le
« total auquel on devra s'arrêter. Puis, quand le travail est
« fini, on paie d'après le métré des travaux exécutés. Ce
« système a l'inconvénient de ne pas limiter les engage-
« ments de l'entrepreneur ni les dépenses de l'administra-
« tion. C'est le mode usité dans le service du génie militaire.
« Il est employé souvent pour les grands travaux des com-
« pagnies concessionnaires de chemins de fer. Il l'est aussi
« pour certains travaux en rivière exécutés par le service
« des ponts et chaussées. Lorsqu'il s'agit, par exemple,
« d'établir des digues dans le lit d'un fleuve, on comprend
« que l'évaluation des quantités d'ouvrages à exécuter est
« ordinairement impossible.

« Enfin, un troisième mode, et c'est celui qui est principale-
« ment usité dans le service des ponts et chaussées pour les tra-
« vaux neufs, c'est le marché dit à l'unité de mesure, dans
« lequel on fixe, d'une part, la série des prix de chaque
« ouvrage; d'autre part, la quantité des ouvrages à exécuter
« tout en réservant à l'administration le droit d'augmenter,
« dans une proportion donnée, la quantité des ouvrages. »

Or, s'il n'y avait d'entrepreneur que celui qui traite à forfait, ceux qui font des marchés de travaux publics soit à la
série de prix, soit à l'unité de mesure (et c'est l'immense
majorité) ne seraient pas des entrepreneurs. C'est manifestement inadmissible. Aussi une pratique constante leur re-
connaît-elle cette qualité, et condamne-t-elle la théorie que
nous repoussons.

Ce n'est pas seulement dans l'administration des ponts et
chaussées que le marché à forfait est rarement usité ; il en

est de même dans les relations privées. Aujourd'hui les propriétaires, comme les entrepreneurs, dans leur intérêt réciproque et à raison de la division du travail, traitent généralement à la série de prix ou à l'unité de mesure. Il existe des entrepreneurs distincts pour les travaux de chaque profession, et de ce que, par suite d'un changement dans les habitudes, ils ne traitent pas à forfait, on ne peut pas conclure qu'ils ne sont pas entrepreneurs. Tout au moins, pour justifier une semblable conclusion, il faudrait un texte bien formel.

Ce texte existe-t-il ? Non ; tout au contraire, nous trouvons dans la loi des textes qui impliquent nécessairement qu'on peut être entrepreneur sans avoir traité à prix fait ou à forfait. Les articles 1792 et 1793 C. civ. supposent bien qu'un entrepreneur peut ne pas avoir fait un marché à prix fait, et ces dispositions ne leur en reconnaissent pas moins la qualité d'entrepreneurs. L'art. 1792 C. civ. subordonne, au moins d'après les décisions les plus récentes de la jurisprudence, la responsabilité décennale des entrepreneurs à cette condition que l'édifice ait été construit *à prix fait*. Si, comme on le prétend, l'entrepreneur est celui-là seul qui traite à prix fait, cette condition, qui a soulevé dans la pratique des difficultés sur lesquelles nous n'avons pas à nous expliquer ici, n'aurait pas de raison d'être. Il suffisait que la loi porte : « Si l'édifice construit périt en tout ou en « partie....... les architecte et entrepreneur en sont respon- « sables pendant dix ans. » Le législateur a voulu préciser d'une manière plus exacte l'hypothèse, et le texte porte : « Si l'édifice construit à *prix fait*, etc. » Par conséquent, l'édifice peut ne pas avoir été construit à prix fait ; dans ce cas, la responsabilité de l'entrepreneur soulève une des plus graves difficultés de la matière ; mais dans ces conditions, il n'y en a pas moins un entrepreneur. C'est ce qu'il nous importait d'établir. De même, l'art. 1793 C. civ. dispose : « Lorsqu'un architecte ou un entrepreneur s'est chargé de

« la construction *à forfait* d'un bâtiment, etc. » Il résulte
évidemment de cet article qu'un entrepreneur peut se char-
ger de la construction d'un bâtiment sans qu'il y ait forfait,
et qu'il n'en est pas moins entrepreneur. Sans doute le forfait entraîne des conséquences particulières ; elles résultent
alors non pas de la qualité de la partie, mais du mode de la
convention et de l'intention dont ce mode est la manifestation.

A l'appui de notre solution, nous pouvons aussi invoquer
l'art. 1798 C. civ. ; la loi y parle *d'ouvrages faits à l'entreprise, d'entrepreneur ;* or, il est certain que sa disposition
peut être invoquée non seulement par les ouvriers employés
par celui qui a traité à forfait mais encore par les ouvriers
de ceux qui ont traité à la série de prix ou à l'unité de mesure. Par conséquent, le forfait n'est pas de l'essence de
l'entreprise. On peut exercer la profession d'entrepreneur
sans conclure habituellement des marchés à prix fait, si on
traite à la série de prix ou à l'unité de mesure.

Après avoir ainsi répondu à l'objection, nous pouvons
dire : L'entrepreneur de profession est celui qui fait habituellement des contrats de louage d'ouvrage. Telle est la
définition admise par M. Aucoc. Le mode de la convention
est indifférent quand il s'agit de déterminer la profession ;
l'objet seul du contrat doit être pris en considération. Celui
qui fait habituellement des contrats de louage d'ouvrage sera
toujours entrepreneur, qu'il traite à forfait, à la série de prix
ou à l'unité de mesure.

Ces questions de principes résolues, le Tribunal devait
rechercher en fait si MM. Roche et Perret-Tillot exercent
la profession d'entrepreneurs.

Sur ce point, le jugement garde le silence. C'est évidemment parce que, pour le Tribunal, l'application de l'art. 2271
C. civ. est indépendante de la profession de la partie qui
agit en paiement, et est exclusivement liée au mode de la
convention, à la question de savoir si le travail a été fait ou
non à l'entreprise.

Nous relevons cependant dans le jugement les considérants suivants :

« Attendu que les sieurs Roche et Perret sont l'un et l'au-
« tre qualifiés de menuisiers par leur patente dans les aver-
« tissements des contributions produits par eux ;

« Qu'ils doivent donc *a priori* être considérés comme ou-
« vriers à moins de justification contraire. »

Tel est l'unique motif sur lequel est fondé le jugement sur ce point. Le Tribunal ne se préoccupe même pas de cette justification contraire dont il a réservé le principe ; il se borne à rechercher si, ouvriers par profession, MM. Roche et Perret-Tillot ne sont pas devenus entrepreneurs, en vertu de l'art 1799 C. civ., parce qu'ils auraient fait directement un marché à prix fait.

Or il nous semble que l'argument tiré du rôle des patentes est une base bien fragile et que le jugement du Tribunal est insuffisamment motivé à cet égard.

Sans doute les énonciations du rôle des patentes sont un élément de preuve, et méritent d'être prises en considération par le juge ; mais elles ne sont qu'un élément de preuve, et du moment où il s'élève une contestation, il doit vérifier si ces énonciations sont conformes à la réalité.

C'est en ce sens que la jurisprudence s'est toujours prononcée.

Par application de ce principe, elle a décidé, d'une part que des personnes peuvent être commerçantes, quoiqu'elles aient négligé de prendre patente (1).

Elle a décidé, d'autre part, qu'une personne peut ne pas être commerçante quoiqu'elle paie une patente de com-merçant (2).

---

(1) Caen, 24 juin 1828 (aff. Blanchard-Quesnel c/ Lanne), rapporté dans Dalloz, *Répertoire de Jurisprudence*, V° Commerçant, n° 242; Bruxelles, 6 avril 1829 (aff. Anciaux c/ Baugniet), rapporté dans Dalloz, *cod. loc.*, n° 94.

(2) Paris, 21 mars 1810 (aff. Delagarde), rapporté dans Dalloz, *Répertoire de Jurisprudence*, V° Commerçant, n° 80; Metz, 24 novembre 1840, Pal., 1841, 2,

Il résulte de cette jurisprudence que si la patente est un élément de preuve, si elle peut servir à établir la qualité de commerçant, elle ne suffit pas pour justifier cette qualité ; les tribunaux doivent, en outre, rechercher si la partie exerce des actes de commerce et en fait sa profession habituelle : en d'autres termes, les tribunaux doivent se demander si les inductions fondées sur le rôle des patentes sont confirmées par la réalité des faits, par les actes accomplis par la partie.

Or, s'il en est ainsi quand il s'agit de la qualité de commerçant, à plus forte raison doit-il en être de même en notre matière. La loi sur les patentes du 15 juillet 1880 place les menuisiers (entrepreneurs) dans la 4e classe du tableau A, et les menuisiers dans la 6e classe du même tableau A. Les uns et les autres sont imposés à la patente ; pour les uns et les autres le droit proportionnel est également du 30e. La seule différence qui les sépare, consiste, comme nous venons de le dire, en ce que les premiers figurent à la 4e classe et les seconds à la 6e ; en conséquence, le droit fixe est pour les menuisiers de 40 fr. dans les villes de plus de 100,000 âmes, comme Bordeaux ; au contraire, pour les menuisiers (entrepreneurs) il s'y élève à 75 fr.

Il nous semble à la fois dangereux et difficile de tirer de cette différence un argument péremptoire pour en conclure que MM. Roche et Perret-Tillot sont des ouvriers et non des entrepreneurs. Est-ce que l'administration des contributions directes n'a pas pu commettre une erreur ? Est-ce que les intéressés ont pu se rendre compte de l'inexactitude commise, des graves conséquences que, malgré sa légèreté, elle était susceptible d'entraîner, et en poursuivre la rectification ? N'est-on pas naturellement porté à penser que les

512 ; Bordeaux, 4 décembre 1846 (aff. Deseymeris c/ Lenoir), Sirey, 1847, 2, 266 ; Civ. Cass., 5 novembre 1850 (aff. Ronot et autres), Sirey, 1851, 1,519 ; Civ. rej., 30 avril 1862 (aff. de Villeneuve c/ Fleury et Janin), Sirey, 1862, 1,678 ; Civ. Cass., 11 août 1884 (aff. Chavernoz c/ Cazenove), Sirey, 1884, 1,416.

contribuables trouvent toujours les impôts assez lourds, et qu'ils ne sont guère disposés à formuler des réclamations de nature à en accroître encore la charge ?

Dans ces conditions, le Tribunal devait, pour éclairer sa religion, examiner avec soin toutes les circonstances de la cause et rechercher si l'induction fondée sur le rôle des patentes n'était pas contredite par d'autres faits. Cette obligation s'imposait d'une manière d'autant plus rigoureuse dans l'espèce, que MM. Roche et Perret-Tillot réclamaient le prix de fenêtres, portail, etc., c'est-à-dire le prix d'ouvrages exécutés par leurs ouvriers sous leur direction et non le prix de journées et de fournitures et non le montant de salaires. La demande même, dont le Tribunal était saisi, fournissait donc la preuve que MM. Roche et Perret-Tillot avaient fait avec M. Cassamayou un contrat de louage d'ouvrage et non un contrat de louage de services. Si MM. Roche et Perret-Tillot avaient l'habitude de consentir des contrats de cette nature, ils étaient entrepreneurs et non ouvriers. La justification contraire était faite. Il était dès lors démontré que l'induction basée sur le rôle des patentes n'était pas conforme à la réalité. Le Tribunal devait restituer à MM. Roche et Perret-Tillot une qualité, que, par erreur, l'administration des contributions directes ne leur a pas reconnue, et décider que l'art. 2271 ne leur était pas opposable. Le jugement est insuffisamment motivé parce qu'il garde le silence sur cette question capitale, de laquelle dépendait cependant la solution du procès.

DEUXIÈME QUESTION

Dans quels cas les ouvriers de profession deviennent-ils entrepreneurs, en vertu de l'art. 1799 C. civ., à raison du mode de la convention, et, par suite, sont-ils soustraits à l'application de l'art. 2271 C. civ. ?

MM. Roche et Perret-Tillot, en admettant, par hypothèse, qu'il soient ouvriers et non entrepreneurs de profession, ne sont-ils pas, dans la cause, devenus entrepreneurs conformément à l'art. 1799 C. civ.?

Il est certain que les ouvriers de profession, qui font directement des marchés à prix fait, deviennent entrepreneurs dans la partie qu'ils traitent, en vertu de l'art. 1799 C. civ. On ne peut pas alors opposer la prescription de six mois à leur action en paiement de l'ouvrage entrepris ; cette action ne se prescrit que par trente ans. Le mode de la convention leur fait donc acquérir une qualité nouvelle, que leur profession habituelle ne leur donne pas. C'est qu'en effet, la nature du contrat se trouve modifiée par la volonté des parties ; elles n'ont pas fait un contrat de louage de services mais un contrat de louage d'ouvrage ; ce contrat sera, en conséquence, soumis aux règles qui régissent le louage d'ouvrage ; l'ouvrier est alors astreint, comme le dit l'art. 1799, aux règles prescrites dans la troisième section du troisième chapitre, consacrée aux devis et marchés. Par conséquent, l'art. 2271 ne peut plus être invoqué ; la nature du contrat substitue la prescription trentenaire à la prescription de six mois.

L'art. 1799, qui consacre cette règle, est général ; il n'établit aucune distinction ; il ne tient compte ni de la nature, ni de l'importance des travaux ; le marché direct à prix fait transforme l'ouvrier en entrepreneur, comme l'a dit fort justement la Chambre civile de la Cour de cassation dans son arrêt du 19 juillet 1882 (aff. Constantin frères et C.ie c/ Arnauld-Drappier, Sirey, 1883, 1, 156) :

« Attendu, d'autre part, qu'il n'y a pas lieu d'avoir égard « au plus ou moins d'importance du marché pour décider s'il « a été fait ou n'a pas été fait à l'entreprise; qu'aucune dis- « tinction n'existe, sous ce rapport, dans la loi, qui, pour « attribuer la qualité d'entrepreneur à l'ouvrier, ne prend « en considération dans l'art. 1799 C. civ., que le mode de « la convention, et non la valeur des travaux et fourni- « tures. »

Le Tribunal civil de Bordeaux a tout d'abord admis ces principes; car on lit dans le jugement :

« Attendu qu'aux termes d'une jurisprudence constante, « l'ouvrier ne devient entrepreneur, d'après l'article 1799 du « C. civ., que s'il y a eu de sa part devis et marché préa- « lable à prix fait pour l'exécution des travaux qui lui sont « confiés; que c'est là ce qui caractérise l'entreprise qui « suppose toujours un forfait et un aléa; qu'il n'y a même « pas lieu d'avoir égard au plus ou moins d'importance des « travaux, qu'aucune distinction n'existe à cet égard dans la « loi, qui, pour attribuer la qualité d'entrepreneur à l'ou- « vrier, ne considère dans l'article 1799 que le mode de la « convention et non la valeur des travaux ou fournitures. »

Après avoir consacré cette théorie conforme à la loi, à la jurisprudence et à la doctrine, le Tribunal semble l'aban- donner, quand il s'agit d'en faire l'application à la cause. Car on lit plus loin dans le jugement :

Attendu « qu'en fait les travaux dont il s'agit, n'avaient « ni l'importance ni la nature complexe qui caractérise l'en- « treprise; qu'ils ne consistaient qu'en des ouvrages de » détail de menuiserie. »

D'un côté, le Tribunal affirme qu'il n'y a pas lieu de tenir compte, pour l'application de l'art. 1799 C. civ., du plus ou moins d'importance des travaux. D'un autre côté, il décide que les travaux exécutés par MM. Roche et Perret-Tillot n'avaient ni l'importance, ni la nature complexe qui caractérise l'entreprise. Par conséquent, la décision rendue dans la cause par le Tribunal civil de Bordeaux est en contradiction manifeste avec les principes qu'il consacre en les empruntant à la jurisprudence de la Cour de cassation. Le jugement renferme donc une violation ou une fausse application de la loi.

Mais laissons maintenant cette question de principe de côté, et, suivons le Tribunal sur ce nouveau terrain; demandons-nous si MM. Roche et Perret-Tillot, que nous supposons, par hypothèse, exercer la profession d'ouvriers, ne sont pas devenus entrepreneurs en vertu de l'art. 1799 C. civ.

Si MM. Roche et Perret-Tillot avaient traité directement à prix fait, il ne s'élèverait aucun doute, ils seraient devenus entrepreneurs en vertu de l'art. 1799 C. civ.; par application de la jurisprudence de la Cour de cassation, il n'y aurait lieu de tenir compte ni de la nature ni de l'importance des travaux compris dans la convention; la prescription de six mois, édictée par l'art. 2271 C. civ., ne pourrait pas être opposée à leur action en paiement; le Tribunal aurait violé la loi en l'appliquant à la cause.

Mais si MM. Roche et Perret-Tillot ont traité directement avec M. Cassamayou, et satisfont ainsi à l'une des conditions exigées par l'art. 1799 C. civ., ils n'ont pas traité à forfait; par suite, ils ne remplissent pas, ou plutôt ne paraissent pas remplir la seconde des conditions imposées par la loi.

De là une nouvelle question que le jugement n'examine pas et qui n'a été ni discutée par la doctrine, ni résolue par la jurisprudence. Nous la formulerons ainsi :

L'ouvrier qui traite directement à la série de prix devient-il entrepreneur en vertu de l'art. 1799 C. civ., comme celui qui traite à forfait ?

Nous serions assez disposé à admettre l'affirmative.

Sans doute, si la disposition de l'art. 1799 C. civ. était une de ces dispositions rigoureuses et dérogatoires au droit commun, que l'équité ne permet pas d'étendre, nous repousserions énergiquement cette solution. C'est ainsi, par exemple, que la Cour de cassation, au milieu des hésitations de la jurisprudence, a interprété l'art. 1792 C. civ. Elle fait du marché à prix fait la condition *sine qua non* de la responsabilité décennale des architectes et des entrepreneurs (1). Sans discuter ces décisions, il nous suffira de faire observer ici qu'en prolongeant la responsabilité de l'architecte et de l'entrepreneur après la réception des travaux, la loi accorde au propriétaire une faveur exceptionnelle. On comprend donc très bien que la jurisprudence soit portée à interpréter l'art. 1792 de la manière la plus restrictive.

Mais il nous semble que cette règle d'interprétation ne peut pas être appliquée à l'art. 1799 C. civ.; car, au lieu d'être une dérogation au droit commun, il n'en est qu'une application, ainsi que nous espérons le démontrer dans un instant.

Du reste, cette interprétation extensive n'a rien de surprenant en notre matière. Prenons pour exemple l'art. 1794 C. civ. Il porte : « Le maître peut résilier, par sa seule vo-« lonté, le marché à forfait, quoique l'ouvrage soit déjà com-« mencé, en dédommageant l'entrepreneur de toutes ses « dépenses, de tous ses travaux et de tout ce qu'il aurait pu « gagner dans l'entreprise. » Quoiqu'en dise M. Colmet de Santerre (*Code Napoléon*, t. vii, n° 247 *bis*, I), nous considérons cette disposition comme une dérogation au droit commun de l'art. 1134 C. civ., d'après lequel les conven-

---

(1) Req. rej., 1er décembre 1868 (aff. Barbaroux de Mégy c/ Jauffret), Sirey, 1869, 1, 97; Req. rej., 26 novembre 1873 (aff. Desmercières et Daufresne c/ Gossot), Sirey, 1874, 1, 11; Civ. rej., 24 novembre 1875 (aff. Barbaroux de Mégy c/ Jauffret), Sirey, 1877, 1, 311.

tions ne peuvent être révoquées que du consentement mutuel des parties. Or, malgré son caractère exceptionnel, la plupart des auteurs appliquent cet article non seulement lorsque le marché a eu lieu à forfait comme il le suppose, mais encore lorsqu'il a été fait à la pièce ou à la mesure (1) et aussi à la série de prix (2). Pour les auteurs, l'équité, qui explique cet article, en justifie l'extension à nos hypothèses, quoiqu'il ne les ait pas expressément prévues. L'art. 1794 n'est qu'énonciatif, et la règle qu'il consacre, s'applique à tous les marchés, quelles qu'en soient les conditions.

Or, s'il en est ainsi de l'art. 1794 C. civ., qui est exceptionnel, à plus forte raison doit-il en être de même de l'art. 1799 C. civ., qui n'est qu'une application du droit commun.

Nous l'avons déjà dit, si l'ouvrier qui traite directement à prix fait, devient entrepreneur à raison du mode de la convention, c'est parce qu'il fait un contrat de louage d'ouvrage et non plus un contrat de louage de services. Or, lorsque l'ouvrier traite à la série de prix, il fait un contrat de louage d'ouvrage et non un contrat de louage de services ; il a droit au prix de l'ouvrage par lui promis, et il ne peut pas réclamer le prix de ses journées, le montant de son salaire. Il est donc dans la même situation que l'ouvrier qui traite à prix fait. Comme lui, il est donc entrepreneur. C'est la solution qui découle des principes généraux ; elle a pour elle la pratique constante du service des ponts et chaussées; elle s'appuie enfin de l'opinion de M. Aucoc, que nous avons déjà cité.

L'un et l'autre étant également entrepreneurs, ils doivent être soumis aux mêmes règles. Or la prescription de six mois de l'art. 2271 C. civ. ne peut pas être opposée à l'ou-

---

(1) Aubry et Rau, *Cours de Droit civil*, 4ᵉ édit., t. IV, p. 528, § 374, note 12 et les auteurs par eux cités; Colmet de Santerre, *Code Napoléon*, t. VII, nᵒ 247 *bis*, II ; Guillouard, *Traité du louage*, t. II, nᵒ 804.

(2) Guillouard, *lcc. cit.*

vrier qui a traité directement à prix fait ; tous le reconnaissent et le jugement du Tribunal de Bordeaux le décide. Donc cette prescription ne peut pas davantage être invoquée contre l'action en paiement de l'ouvrier qui a traité directement à la série de prix.

Le jugement du tribunal civil de Bordeaux constate que MM. Roche et Perret-Tillot ont traité directement avec M. Cassamayou à la série de prix. Il refuse néanmoins de leur appliquer l'art. 1799 C. civ. ; il leur dénie la qualité d'entrepreneurs. Nous pensons qu'en se prononçant en ce sens il a inexactement interprété, et, par suite, violé cette disposition.

Le jugement objecte cependant que MM. Roche et Perret-Tillot ne courent d'aléa d'aucune sorte, que l'aléa est caractéristique de l'entreprise et il en conclut qu'ils ne peuvent pas être devenus entrepreneurs en vertu de l'art. 1799 C. civ.

Il nous est facile de répondre. D'une part, l'aléa consiste dans la différence entre le prix fixé par le tarif et le prix de revient, qui varie suivant la valeur des matériaux employés, sujette à toutes les fluctuations du commerce, suivant l'habileté des ouvriers et le temps par eux consacré à la confection de l'ouvrage, et suivant le salaire donné à la main-d'œuvre que bien des circonstances économiques peuvent modifier. D'autre part, l'aléa consiste dans le risque couru par l'entrepreneur, qui supporte la perte fortuite de l'ouvrage survenu avant son complet achèvement, sa mise en place et sa réception.

Or, à ce double point de vue, MM. Roche et Perret-Tillot courent toutes les chances du contrat de louage d'ouvrage qu'ils ont consenti : ils sont exposés à des aléas de diverses sortes ; ils sont des spéculateurs, et, par conséquent, des entrepreneurs. L'objection, que nous trouvons dans le jugement du Tribunal, ne peut donc pas nous arrêter et notre conclusion se dégage avec l'éclat de la vérité :

MM. Roche et Perret-Tillot sont devenus entrepreneurs en vertu de l'art. 1799 C. civ. ; l'art. 2271 C. civ. ne leur est pas applicable et le Tribunal civil de Bordeaux a violé la loi en déclarant leur action éteinte par la prescription de six mois.

TROISIÈME QUESTION

*La prescription de six mois, établie par l'art. 2271 C. civ.,
peut-elle être opposée à tous ceux qui ne sont ni entrepreneurs de profession, ni entrepreneurs en vertu de l'article
1799, C. civ. ? Ne doit-elle pas, au contraire, à raison
de son caractère exceptionnel, être restreinte à l'action des
ouvriers et gens de travail, en paiement de leurs journées,
fournitures et salaires ?*

*MM. Roche et Perret-Tillot appartiennent-ils à la classe des
ouvriers et gens de travail auxquels s'applique l'art. 2271
C. civ.?*

Du jugement, dont nous poursuivons l'examen, se dégage
encore cette thèse. Lorsqu'un travail n'a pas été exécuté à
l'entreprise, celui qui l'accomplit n'est qu'un ouvrier et la
durée de son action est déterminée par l'art. 2271 C. civ.
On lit en effet dans le jugement :

Attendu « qu'il s'agit dès lors de rechercher si les travaux,
« dont ils réclament le paiement, ont été faits ou non à l'en-
« treprise. »

Nous croyons que cette formule renferme une erreur et
peut conduire à une violation de la loi.

Nous l'avons déjà répété plusieurs fois, l'art. 2271 C. civ.
est exceptionnel ; il doit être interprété limitativement. Or,
il ne parle que des ouvriers et de l'action en paiement de
leurs journées, fournitures et salaires. Donc, il ne s'applique
qu'aux ouvriers et à l'action en paiement des créances que
nous venons d'indiquer.

Par conséquent, toutes les fois que le demandeur n'est

pas un ouvrier, l'art 2271 C. civ. ne lui est pas opposable. Peu importe qu'il soit ou ne soit pas entrepreneur. S'il n'est pas un ouvrier dans le sens que l'art. 2271 attache à cette expression, la prescription de six mois ne peut pas être invoquée.

Le Tribunal dit : Si le demandeur n'est pas un entrepreneur, c'est-à-dire si l'ouvrage dont il demande le paiement n'a pas été fait à l'entreprise, l'art. 2271 C. civ. s'applique et l'action en paiement se prescrit par six mois.

Nous disons au contraire : si le demandeur n'est pas un ouvrier dans le sens de l'art. 2271 C. civ., il ne peut pas être question de la prescription de six mois.

La différence entre les deux formules est capitale ; celle que nous employons est seule conforme aux règles générales sur l'interprétation des lois.

Pour la justifier nous voudrions citer des décisions de la jurisprudence ; mais il n'existe pas, à notre connaissance du moins, d'arrêt sur ce point ; nous sommes obligé, pour atteindre notre but, d'emprunter un exemple à une autre hypothèse voisine de la nôtre.

Tout le monde connaît la disposition de l'art. 1798 C. civ., qui, comme l'art. 2271, renferme, de l'avis unanime, une dérogation au droit commun. Il est ainsi conçu : « Les « maçons, charpentiers et autres ouvriers qui ont été em- « ployés à la construction d'un bâtiment ou d'autres ouvra- « ges faits à l'entreprise, n'ont d'action contre celui pour le « compte duquel les ouvrages ont été faits, que jusqu'à con- « currence de ce dont il se trouve débiteur envers l'entre- « preneur, au moment où leur action est intentée. »

Appliquons ici la formule que nous critiquons : nous arriverons à cette conséquence : tous ceux qui ne sont pas entrepreneurs étant des ouvriers, jouissent de l'action directe dont parle cet article 1798 C. civ.

Appliquons au contraire la formule que nous avons adoptée, parce que, seule, elle nous paraît conforme aux règles

d'une saine interprétation, nous dirons : les ouvriers seuls
jouissent de l'action directe ; tous ceux qui ne rentrent pas
dans cette catégorie ne peuvent pas invoquer l'art. 1798
C. civ., qu'ils soient ou ne soient pas entrepreneurs.

Entre ces deux formules conduisant à des conséquences
bien dissemblables, quelle est celle qui mérite la préfé-
rence ?

C'est incontestablement la dernière, et la Chambre des
requêtes de la Cour de cassation le dit fort justement dans
un arrêt de rejet du 28 janvier 1880 (aff. Chevron c/ La-
chenaud, Sirey, 1880, 1, 416) :

Attendu « que, d'un autre côté, la disposition de l'art.
« 1798, édictée pour protéger le travail, n'est applicable
« qu'aux ouvriers réclamant le prix de la main-d'œuvre. »

Nous pourrions multiplier les citations, mais nous croyons
inutile de le faire ; les arrêts que nous reproduirions ne
feraient que répéter la formule de l'arrêt du 28 janvier
1880.

Or, l'art. 2271 est, comme l'art. 1798, un article exceptionnel, dérogatoire au droit commun. Son interprétation
est donc régie par les mêmes principes, et la formule qui
seule est vraie dans une hypothèse, doit également être
seule exacte dans l'autre.

Par conséquent, l'art. 2271 C. civ. ne s'applique qu'aux
ouvriers réclamant le prix de la main-d'œuvre (journées,
salaires) et de leurs fournitures. Les personnes qui ne rentrent pas dans cette catégorie échappent à la prescription
de six mois, qu'elles soient ou ne soient pas entrepreneurs.
Il nous reste donc à rechercher ce que la loi entend par ouvriers dans l'art. 2271 C. civ.

Le jugement du Tribunal répond : Tous ceux qui ne
paient pas une patente d'entrepreneur sont ouvriers, à
moins de justification contraire ; et cette justification contraire ne peut résulter que du mode de la convention. Ils
sont ouvriers et soumis à la prescription de l'art. 2271 C. civ.,

à moins qu'ils n'aient traité directement à prix fait, conformément à l'art. 1799 C. civ.

Ce raisonnement est loin de nous satisfaire; car la plupart des ouvriers auxquels s'applique l'art. 2271 C. civ. ne paient pas patente ; ils sont exemptés de cet impôt par l'art. 17 de la loi du 15 juillet 1880. Il n'existe aucun rapport entre la loi des patentes qui est purement fiscale et le Code civil qui régit les rapports des particuliers entre eux. On commettrait donc une erreur manifeste en rangeant dans la catégorie des ouvriers de l'art. 2271 C. civ. tous ceux qui ne paient pas une patente d'entrepreneur.

Mais alors, que faut-il entendre par ouvriers dans l'art. 2271 C. civ. ? Nous avons déjà touché cette question au début de cette consultation, et, après les développements que nous avons donnés, il nous paraît superflu d'y insister longuement ici. L'ouvrier est, en vertu des art. 1779 et 1780 C. civ., celui qui loue ses services ; c'est celui qui exécute *un travail de bras*, comme le disait le tribun Goupil-Préfeln. Sous cette dénomination sont compris non seulement les gens de journée, mais encore les maîtres ouvriers, qui sont des ouvriers. Nous ne voulons pas entrer dans l'examen de toutes les difficultés qui ont été soulevées à cet égard. Nous dirons seulement que les auteurs qui donnent le plus d'extension à notre article, ne l'appliquent aux chefs d'atelier et aux contremaîtres que lorsqu'ils sont payés à la journée (1).

En limitant ainsi la portée de l'art. 2271 C. civ., on donne au mot ouvriers le même sens dans l'art. 1798 et dans l'art.

---

(1) Consulter sur ces questions : Troplong, *De la prescription*, t. ii, nos 952, 957 ; Dalloz, *Répertoire de jurisprudence*, Vo Prescription civile, no 981 ; Marcadé, *De la prescription*, sur l'art. 2271, no III; Massé et Vergé, sur *Zachariæ*, t. v, p. 336, note 39; Le Roux de Bretagne, *Nouveau traité de la prescription*, t. ii; no 1293; Aubry et Rau, *Cours de droit civil*, 4e édition, t. viii, p. 445, § 774, note 73; Laurent, *Principes de droit civil français*, t. xxxii, nos 507 et 508; Colmet de Santerre, *Code Napoléon*, t. viii, no 379 bis, III.

2271 ; dans les deux cas, cette expression comprend ceux qui réclament le salaire de leur travail personnel et manuel dégagé de toute idée de spéculation. On a ainsi l'avantage de faire des dispositions de la loi un tout harmonique et de donner au mot qu'elle emploie un sens uniforme.

Or, il résulte des constatations du jugement et des termes de la demande que MM. Roche et Perret-Tillot avaient fait avec M. Cassamayou un contrat de louage d'ouvrage et non un contrat de louage de services; car ils réclament le prix des ouvrages exécutés par leurs ouvriers sous leur direction et non le prix de leurs journées ou le montant de leurs salaires. Par conséquent, ils ne rentrent pas dans la catégorie des ouvriers dont parle l'art. 2271 ; la prescription de six mois ne peut éteindre leur action, et, en décidant le contraire, le Tribunal civil de Bordeaux a violé la loi.

En conséquence, le Conseil soussigné est d'avis que le jugement rendu par le Tribunal civil de Bordeaux le 20 mai 1887 renferme une fausse interprétation ou une application inexacte, et par suite une violation :

1° de l'art. 1315 C. civ., parce qu'il impose à MM. Roche et Perret-Tillot, demandeurs, l'obligation de prouver qu'ils ne sont pas des ouvriers pour échapper à l'exception de prescription invoquée par la défenderesse ;

2° De l'art. 2271 C. civ., parce qu'il décide que la prescription édictée par cet article s'applique à toute personne et, par suite même aux entrepreneurs de profession, qui exécute un ouvrage sans qu'il y ait eu marché préalable à prix fait.

3° Des art. 1799 et 2271 C. civ., parce qu'il a refusé la qualité d'entrepreneur à celui qui fait directement un marché à la série de prix et a, en conséquence, soumis son action en paiement à la prescription de six mois.

4° De l'art. 2271 C. civ., parce qu'il a déclaré éteinte par la prescription de six mois l'action intentée par celui qui n'est ni entrepreneur de profession, ni entrepreneur en vertu de l'art. 1799 et n'a pas démontré que le demandeur était un ouvrier dans le sens que l'art. 2271 attache à cette expression.

P. DE LOYNES,

Professeur à la Faculté de Droit de Bordeaux.

Bordeaux, le 15 mars 1888.

ROCHE ET PERRET-TILLOT

CONTRE

Veuve GRATZ-CASSAMAYOU

La Cour,

Ouï en l'audience publique de ce jour M. le Conseiller Manau, en son rapport ; Mᵉ Dareste, avocat, en ses observations, ainsi que M. le Procureur général Ronjat, en ses conclusions, et après en avoir immédiatement délibéré conformément à la loi ;

Donne défaut contre la défenderesse non comparante ;

Et statuant sur le moyen unique du pourvoi ;

Vu les articles 1315 et 2271, § 3 du Code civil lesquels sont ainsi conçus : Article 1315. Celui qui réclame l'exécution d'une obligation doit la prouver........ Article 2271, § 3. L'action des ouvriers et gens de travail, pour le paiement de leurs journées, fournitures et salaires se prescrit par six mois ;

Attendu que la prescription de six mois édictée par l'article 2271 du Code civil contre les ouvriers et gens de travail, pour le paiement de leurs journées, fournitures et salaires, est, en principe, inapplicable aux entrepreneurs ; qu'il suit de là que lorsque le défendeur actionné en paiement de travaux ou fournitures invoque l'exception de prescription autorisée par l'article précité, c'est à lui qu'incombe, en vertu de l'article 1315 du Code civil, la preuve que les travaux et fournitures ont été faits par un *ouvrier* et non par un *entrepreneur*, qu'il devient, en effet, demandeur en cette exception ;

Et attendu que pour admettre la prescription de six mois, dans l'espèce, le jugement attaqué se fonde entre autres motifs qu'il n'échet d'examiner, sur ce que, les demandeurs sont qualifiés de *menuisiers* par leur patente, dans les avertissements des contributions produits par eux ; qu'ils doivent donc, à *priori*, être considérés comme *ouvriers* à moins de *justification* contraire ;

Mais attendu que les énonciations d'une patente n'ont aucune valeur en droit, pour établir, à tout autre point de vue qu'au point de vue fiscal, la profession de celui à qui elle est imposée, et qu'elles sont inefficaces pour établir à cet égard une présomption de nature à mettre à sa charge le fardeau de la preuve qui, en principe, pèse sur un autre;

Que, par conséquent, en statuant comme il l'a fait, le jugement attaqué a violé les articles sus-visés;

Par ces motifs, casse et annule le Jugement rendu le 20 mai 1887, par le Tribunal civil de Bordeaux, remet en conséquence, la cause et les parties au même et semblable état qu'elles étaient avant le dit Jugement, et, pour être fait droit, les renvoie devant le Tribunal civil de Libourne.

www.ingramcontent.com/pod-product-compliance
Lightning Source LLC
Chambersburg PA
CBHW070749220326
41520CB00053B/3480